Las cosas que me gustan

Me gustan los perros

por Meg Gaertner

www.littlebluehousebooks.com

© 2023 por Little Blue House, Mendota Heights, MN 55120. Todos los derechos reservados. Ninguna parte de este libro puede ser reproducida ni utilizada de ninguna manera ni por cualquier medio sin el permiso escrito de la editorial.

Traducción: © 2023 por Little Blue House
Título original: I Like Dogs
Texto: © 2023 por Little Blue House
Traducción: Annette Granat

La serie Little Blue House es distribuida por North Star Editions.
sales@northstareditions.com | 888-417-0195

Este libro ha sido producido para Little Blue House por Red Line Editorial.

Fotografías ©: Imágenes de Shutterstock: portada, 8–9, 11, 12–13, 16 (esquina superior izquierda), 16 (esquina superior derecha), 16 (esquina inferior izquierda); imágenes de iStock: 4, 7, 15, 16 (esquina inferior derecha)

Library of Congress Control Number: 2022912435

ISBN
978-1-64619-689-0 (tapa dura)
978-1-64619-721-7 (tapa blanda)
978-1-64619-784-2 (libro electrónico en PDF)
978-1-64619-753-8 (libro electrónico alojado)

Impreso en los Estados Unidos de América
Mankato, MN
012023

Sobre la autora

Meg Gaertner disfruta leer, escribir, bailar y hacer actividades al aire libre. Ella vive en Minnesota.

Tabla de contenido

Me gustan los perros **5**

Glosario **16**

Índice **16**

Me gustan los perros

Me gustan los perros.

Los perros

persiguen pelotas.

Me gustan los perros. Corremos con nuestro perro en el bosque.

Me gustan los perros.
Los perros juegan entre
ellos en el parque.

Me gustan los perros.
Los perros
mastican huesos.
Masticar les mantiene los
dientes limpios.

Me gustan los perros.
Los perros mueven
sus colas.

Me gustan los perros.
Los perros son
buenos amigos.

Glosario

colas

parque

huesos

pelotas

Índice

C
corremos, 6

J
juegan, 8

M
mueven, 12

P
persiguen, 5